Estanislao del Campo

Fausto

- STOCKCERO -

Del Campo, Estanislao.

    Fausto : impresiones del gaucho Anastasio el pollo en la repre-
    sentación de la ópera. - 1a ed. - Buenos Aires : Stockcero, 2004.

    92 p. ; 23x15 cm.

    ISBN 987-1136-24-2

    1. Narrativa Argentina. 2. Narrativa Gauchesca. I. Título

    CDD A863

stockcero.com
Viamonte 1592 C1055ABD
Buenos Aires Argentina
54 11 4372 9322
stockcero@stockcero.com

Estanislao del Campo

FAUSTO

*Impresiones del gaucho Anastasio el Pollo
en la representación de esta ópera*

Al poeta Ricardo Gutiérrez,
Estanislao del Campo

INDICE

Prólogo a la presente edición

El *Fausto*, de Estanislao del Campo, es la representación cabal de una pieza rigurosamente gauchesca. En ella están el vocabulario, la sencilla claridad en el desarrollo, la naturaleza de las metáforas. El acento no puede ser de un tono criollo más desenfadado y zumbón, ni más cargado de agreste sabor campesino.

Atendiendo a la melodía del verso resulta clara su ubicación en la serie iniciada por Bartolomé Hidalgo, que finaliza en el *Martín Fierro*.

Discípulo de Ascasubi, don Estanislao –hombre de humor agudo y rápido– había elegido con frecuencia la payada para la sátira política, y la usaba con mucha habilidad como una vuelta de tuerca para aguzar la burla.

Pero Del Campo era porteño, más próximo en espíritu a los poetas románticos y lector respetuoso de Espronceda y Víctor Hugo, como lo demuestra toda su obra aunque sea reducida a un solo volumen: *Poesías*, aparecido en 1870, con Prólogo de José Mármol, que incluye todos sus versos, gauchescos –*Fausto* inclusive- humorísticos y serios.

Las circunstancias que rodean al nacimiento del *Fausto* dan cuenta del notable talento del autor: la ópera de Gounod se estrenó en el viejo Colón de Buenos Aires el 24 de agosto de 1866, y cuenta la crónica que Del Campo, durante la representación, le improvisó a Ricardo Gutiérrez –el famoso médico de niños, poeta él también– breves apostillas al modo gaucho sobre lo que estaban escuchando.

Fue a instancias de Gutiérrez que Del Campo se decidió a poner sus gauchi-poéticas acotaciones por escrito; y en poco más de un mes el poema se convertía en éxito de venta.

Este origen circunstancial y anecdótico es la clave del acento estilístico del *Fausto*.

La línea melódica popular que lo entona y define no alcanza a ocultar sonoridades de poesía culta; la diafanidad formal –admirable en muchos momentos– resulta de una agilísima voluntad literaria; y cuando por imposición del tema esa voluntad amengua, el acento culto y romántico avanza reemplazando automáticamente la *voluntad gauchesca*.

Esto de ninguna manera significa que Del Campo adopte una posición burlesca respecto de la técnica de la payada.

Pese a su *urbanismo* el humorismo del *Fausto* no parte de una actitud crítica del autor contra sus criaturas –como lo hacía con el blanco de sus sátiras políticas– sino de la yuxtaposición de objetos de dos naturalezas tan disímiles como lo son el tema y la forma de relatarlo.

Por eso no es cierto como se dijo en algún momento que Del Campo sea menos *payador*, en el sentido formal, que los poetas congéneres; es que el tema de fondo es diferente. Lo que "parece menos gaucho" no es el poeta sino el objeto de su poema.

Nos parece muy acertada la definición de Arturo Berenguer Carisomo que en sus *Notas estilísticas sobre el Fausto criollo* –p. 146, Boletín de la Biblioteca de Menéndez Pelayo, Santander, 1949–dice que "Criticar el *Fausto* criollo por inverosímil es cometer un serio error de perspectiva: algo así como criticar la fábula porque en ella hablan los animales. Si el propósito de Del Campo hubiese sido erudito o simplemente dramático la fácil observación sería plausible: un campesino que ve al Diablo en persona, tomándolo por entidad real, lo primero que atina es a huir, y, si el terror lo paraliza, es imposible llegue a darse cuenta de nada. Pero Del Campo sólo pretende ensayar, no conmover, ni mucho menos adoctrinar."

La gracia de la obra reside en que el gaucho es un campesino ganadero, y a través de su mirada las acciones de la ópera adquieren la validez gráfica de su mundo agrario y de su oficio pastoril, trastocando de manera hilarante el drama medieval germano.

El encuentro de los dos paisanos junto al Río de la Plata es de una encantadora naturalidad, nada rebuscado ni forzado. Es un diálogo fiel; no hablarían de otra cosa dos hombres de campo que se encontraran, casualmente, allá por 1866.

Y cuando Laguna nombra al Diablo a propósito de un accidente de juego –inveterado vicio criollo– allí aprovecha Anastasio para meter su baza y contar cómo no hace mucho tiempo lo ha visto en persona. El terror de Laguna –quien se santigua inmediatamente- no impide la curiosidad que le despierta un suceso tan extraordinario.

Y aquí comienza, exactamente, el corrosivo humor a disolver el tema exótico y culto: a partir de la observación de que la gente está en el teatro "como hacienda amontonada" podemos imaginar la escena en el palco del Teatro Colón y a Del Campo desternillando de risa con las observaciones de Anastasio, el *Pollo* (su propio seudónimo gauchipolítico) a su amigo Ricardo Gutiérrez (quien bien puede ser el "paisano del Bragao –de apelativo Laguna" ya que en el poema se dan mutuamente el tratamiento de *cuñaos* y Gutiérrez era cuñado de Cupertino del Campo, hermano de Estanislao.

Ante nuestros ojos leer hoy el Fausto resulta tan divertido como lo fue hace casi ciento cuarenta años, lo cual ya sería motivo suficiente para ameritar una reedición, sin necesidad de tomar en cuenta que junto con el Santos Vega de Hilario Ascasubi y el Martín Fierro de José Hernández, esta obra integra el tríptico de la poesía gauchesca por antonomasia.

Pablo Agrest Berge
Noviembre 2004

CARTA DE JUAN CARLOS GÓMEZ

Del Campo:

Las buenas obras son siempre hijas de los bellos sentimientos, porque las mejores y más grandes ideas nacen en el corazón, llevando consigo la emoción de que nacieron.

Su pobreza de poeta, empeñada en aliviar dolorosos infortunios, ha apelado a esa infatigable alquimista de la imaginación, que elabora los sueños de oro y fabrica los palacios en el aire, y ella, evocándole al Demonio, ha tenido el poder de ponerla al servicio de la santa acción con algo digno de la elvación del propósito.

No es otra la idea generatriz del poema monumental de los alemanes.

Fausto trae el mal por la acción poderosa del genio, a concurrir a la obra de la humanidad, y el mal no consigue triunfar de la altura de su alma, porque no alcanza a encontrala satisfecha sino en las grandes y nobles aspiraciones.

Su campestre guitarra bien podría sin ruborizarse pedir un óbolo al arma homérica de Goethe, y preciso es convenir en que la puerta del poderoso no se ha cerrado esta vez, como de costumbre, al llamado del mendigo.

El genio del norte ha permitido al payador argentino pasear a la rubia Margarita por la pampa inconmensurable, en donde no había estampado jamás su divina sandalia la musa de la epopeya, y ella, soñando con sus amores y encaminándose a su desastre, se ha detenido un instante en las orillas del Gran Río:

> "a ver las olas quebrarse
> "como al fin viene a estrellarse
> "el hombre con su destino."

En esta importación de la leyenda de la edad media, en esta nacionalización del poema matafísico, dadas las respectivas distancias, su trova americana ha conservado los rasgos característicos de las fisonomías, los suaves matices del sentimiento, las caprichosas sombras de la fantasía, como los acordes de Mozart y las melodías de Bellini guardan su armonía o su cadencia al resonar en una vihuela.

El mérito de su trabajo consiste para mí en haber comprendido y trasmitido en su relato los etenos tipos del *Fausto* : un artista vulgar no copiaría jamás los cuadros de Rubens o las telas de Murillo.

Desnuda su bella composición del lenguaje gaucho, veo diseñarse en sus estrofas a la niña que *vivía entre las flores como ella* , demandando a las margaritas los secretos del corazón, y se me representa la *virgen de cera* vestida de celeste, aérea visión de *la Inmaculada* , como la concibió su creador, imagen seductora de esa mujer querida del poeta, perdida en el mundo antes de ser hallada, que hay siempre la esperanza de encontrar algún día, bello ideal que un ángel proscripto traería de su Edén a la tierra.

El Satanás de sus versos huele a azufre, hace santiguarse, y su inacabable sarcasmo:

> "suelta una risa tan fiera
> "que toda la noche entera
> "en mis orejas sonó."

Algo de siniestro sobrecoge a la naturaleza al aparecer con su infernal guitarra:

> "Haciendo un estraño ruido
> "en las hojas tropezaban
> "los pájaros que volaban
> "a guarecerse en su nido."

El dolor suena en sus rimas con sus acentos verdaderos, con esos acentos que sólo saben oír los inspirados artistas, y que el copista nunca transmite:

> "Ya de sus ojos hundidos
> "las lágrimas se secaban,
> "y entre temblando rezaban
> "sus labios descoloridos."
> ....
> ....
>
> "Cuando el cuerpo de su hermano
> "bañado en sangre miró;"
> ....
> "Apenas medio alcanzaron

"a darse una despedida,
"porque en el cielo, sin vida
"sus dos ojos se clavaron."

Las delicadas reminiscencias del amor, traen sus platea-
dos celajes a la noche sombría del remordimiento:

"Ella cría que como antes,
"al ir a regar su huerta,
"se encontraría en la puerta
"una caja con diamantes."

Darnos a saborear así, en humilde décima, la obra jefe
que ha desesperado a los traductores de todos los pueblos,
es algo que debe engreír sus ambiciones de literato.

Debe Ud. estar satisfecho de sí mismo, pues que ha lle-
gado Ud. a dar carta de ciudadanía a una creación prodi-
giosa, en que el cielo y la tierra, las fuerzas vivas de la natu-
raleza y las sobrenaturales del espíritu, toman una figura
humana para hacerse palpables a la sensibilidad del vulgo.

Pero, permítame Ud., que temiendo ver esterilizarse en
una mala vía las dotes preciosas de su imaginación, por el
éxito de su *Fausto* , le someta una opinió que me ha indu-
cido a escribirle estos renglones, robando un instante a un
fárrago de papel sellado.

Amo la poesía popular, cuanto detesto la poesía acadé-
mica, ficticia, de frase perfumada con aguas de Lubin.

La poesía popular es Homero, es Ossián, la del ciego
que va cantando por las faldas del Himeto los recuerdos
aún vivos de la hermosa Elena y del temible Aquiles, la del
bardo que, entre las brumas de la Caledonia, da cuerpo a

las tradiciones en las figuras del heroico Fingal y la pálida Malvina.

La poesía popular no es la frase chillona y agria del rancho. La india de los toldos es tan hija de la naturaleza como la Eva de la Biblia, recién formada de la costilla del hombre, o como la Venus mitológica, saliendo núbil de las espumas del mar, pero no serviría jamás de modelo a los pintores y a los estatuarios.

El gaucho se va. Es una raza de centauros que desaparece. Hay en ellos grandes cualidades, grandes pasiones, originalidades características, costumbres pintorescas, materiales abundantes para la poesía. De ellos se puede decir también: "no dejan tras sí grandes ciudades ni monumentos que desafíen al tiempo, pero han vivido", han padecido, se han inmolado, dejan un tierno recuerdo, y los que recojan piadosamente sus últimos suspiros tienen derecho a la simpatía y al renombre.

Arroje Ud., pues, lejos de sí la guitarra del gaucho, que si a veces nos toca el corazón, en la puerta del rancho, a la luz de las estrellas, es porque en ciertos estados del alma basta una nota melodiosamente acentuada para conmovernos profundamente y acosarnos por mucho tiempo con su vago recuerdo. Tome la lira popular, la lira de los *edas* , de los trovadores, de los bardos, y cuéntenos cómo este gaucho caballeresco y aventurero abrevaba su caballo en los torrentes de la Cordillera, y arrollaba en los desfiladeros los tercios de Bailén y de Talavera, cómo salvaba la democracia con Artigas, se encaramaba en la tiranía con Rosas, y ha ido rodando en una ola de sangre hacia el mar de la nada.

Una sociabilidad original y una revolución fundamental, encierran todas las pasiones, todos los dolores, todos los infortunios, todos los dramas del corazón humano. La mina es vasta. Falta el minero capaz de explotarla.

Descubra Ud. la veta, puesto que tiene Ud. el don de sentir al gaucho dentro de sí mismo. Piense, sienta como él, y háblenos como Ud.

Su leyenda del *Fausto* vale, por el tipo virginal de Margarita, por la figura diabólica de Mefistófeles, que Ud. nos ha reproducido, por el perfume de pasión inocente, de extravío inculpable, de remordimiento sincero, y de religiosidad ingenua, que serán siempre fuentes inagotables de poesía.

La forma no ha matado al fondo. Por el contrario, el fondo ha dado vida a la forma.

Puesto que Ud. puede concebir y dibujar a Margarita, comprender y exhibir a Mefistófeles, es Ud. artista, tome la paleta inmensa de la pampa, y en la rica tela de su imaginación ensaye un cuadro de verdadera literatura americana.

Tentanda via
Juan Carlos Gómez

Respuesta de Estanislao del Campo.

Querido Juan Carlos:

Gracias mil por su bonita, indulgente y animadora carta.

Quiero agregarla, con la de otros amigos, al pequeño libro que imprimo, y se la remito impresa para que la depure de los errores de *caja* .

A propósito de gauchos y de guitarras, voy a decirle una broma.

Su carta, me hace acordar al gaucho que ocultando el facón bajo el poncho, se acerca paso a paso al pobre cantor, diciendo: - *¡Qué lindo canta este mozo!* - y, al llegar a él, le corta las cuerdas de su pobre guitarra.

Ud. ha dado en la mía un *cintarazo* más recio, que aquél con que el Capitán Valentín azotó la de *Mefistófeles* .

Pero vamos al fondo de la cosa.

Dice Ud. que el gaucho se va, (*Les Rois s'en vont!*) pero no creo que eso sea una razón para que con él dejemos ir también hasta la memoria de su forma de expresión y de lenguaje.

Los museos guardan objetos que recordarán, por siempre, la rusticidad de nuestros gauchos. En el nuestro, Ud. ve cornetas de cuerno y cuero, armas de madera, vestidos de jerga y yesqueros de iguana.

Esos atavíos, armas y utensilios *se van* también, y muy de prisa, al soplo de la civilización que llena hoy nuestra campaña con los pulidos artefactos de las fábricas europeas.

Burmeinster, el director de nuestro Museo, ¿arrojará, por tal razón, a la calle esos objetos?

No: allí quedarán, y mayor será su valor y su importancia cuanto más largo sea el tiempo que duerman en aquellos empolvados estantes.

Deje, pues, que también los giros especiales y la peculiar fraseología del lenguaje de nuestros pobres gauchos, picaresco unas veces, sentido otras y pintoresco siempre, queden en alguna parte, para que cuando en otros tiempos se hable de ese tipo original, pueda decirse: *"Aquí está la manera como expresaba sus sentimientos."*

Sin embargo: si Ud. cree que esta humilde réplica no es otra cosa que la mala defensa de una guitarra, estoy dispuesto a hacer la más reverente genuflexión, diciendo: - *Magister dixit.*

Su affmo.
Estanislao del Campo.

CARTA DE RICARDO GUTIÉRREZ

Sr. D. Estanislao del Campo.

Recuerdo que una noche alegre en que yo apreciaba in-finidad de ocurrencias criollas que decía Ud. al vuelo, a propósito de las escenas del *Fausto* , lo tenté a escribir en es-tilo gaucho, sus impresiones de ese espectáculo; seguro de que un cuadro compendiado bajo el punto de mira de tan original criterio, ofrecería un interés particular.

Para un carácter como el de su índole literaria, era este tema completamente seductor, y yo veía que la oportuni-dad y el motivo podrían pocas veces tentar con mejor éxi-to la Musa de Hidalgo, para levantar sobre el torbellnio de nuestra sociedad desprovista de perfil transmisible y deter-minado -la extraordinaria, especialísima, profunda y poé-tica índole americana primitiva, refugiada hoy natural-mente en el corazón del *paisano* .

Veía también en este tema, como Ud. mismo, una ocasión feliz para reflejar nuestro tipo primitivo con caracteres tanto más saltantes, cuanto que iban a resultar de la apreciación hecha por él mismo de una sociedad diversa.

Cierto es que era esta una empresa difícil. Fuera de Hidalgo, no tenemos en esta rama de nuestra literatura, sino manifestaciones más o menos felices de los giros de lenguaje y comparaciones del gaucho -accesorios que nunca reflejan la índole de las razas, porque no emanan del modo de sentir de ellas, que es también el único modo de *animar* la interpretación en el difícil rol de poeta característico.

El tecnicismo es una simpleza, y el pensamiento que no retrata más que la construcción del idioma, no tiene un día de vida. Para pintar e interpretar al gaucho es preciso trasladarse no a su lenguaje sino a su corazón, y arreglarlo todo, no al paisaje, sino a su preocupación, a su filosofía, a su sentimiento.

Así se comprende que dos solos versos puedan reflejar el carácter del *paisano* , con sus preocupaciones y su religión enteras, cuando Hidalgo pone en boca del gaucho que va a afrontar un peligro, este compendio de su alma:

> "puse el corazón en Dios
> "y en la viuda, y embestí."

Usted verá todos los días pretendidas descripciones de la índole y costumbres del gaucho, donde todo se reduce a hacinar significados campesinos que no tienen más particularidad que estar subrayados hasta el fastidio.

Es que no todos tienen bastante luz interna para penetrar el corazón ajeno en la vorágine de sus instintos, y creen que, dibujando la vestimenta, puede reflejarse el tipo moral deduciéndolo por la vulgaridad de lo común.

Esos que así son retratados, no son gauchos de este mundo ni del otro; son simples camiluchos que no constituyen género de raza.

El Dr. Cané, que era un talento literario muy notable, dice en una de sus novelas que el tipo del gaucho es digno del estro de Byron, y yo pienso humildemente, que en el corazón de Quiroga había tela para el mismo Shakespeare.

El que se acerque entonces más a aquellos corazones extraordinarios, por la mayor fuerza de su genio, estará más próximo a la interpretación de su mundo y al foco de nuestra poesía popular y tradicional, inagotable en encantos.

Ud. ha venido al terreno más difícil, pero al más grandioso: la majestad está siempre en esa especie de topografía humana que nunca se halla a la superficie. Es por eso que su leyenda está colorida con las dos tintas más sublimes de la poesía -la filosofía y el sentimiento-, que son los arqueos de la expresión: el que sube sobre este trípode, está en el camino de la belleza, de donde se domina todo accesorio: el que entra al espíritu domina el material: así Hidalgo no ha copiado al gaucho; ha mirado por los ojos del gaucho; no se ha amanerado a su sentimiento, ha sentido por su corazón.

Todas estas dificultades redundan en provecho de Ud., una vez que se ha levantado a la atmósfera de la interpretación verdadera: *Anastasio el Pollo* es aquí de la raza de Santos Vega.

Ha tocado Ud. el tema espléndidamente, haciendo gala de recursos desconocidos que todavía no había manifestado en poesía -y me permito decirle que esto es culpa suya, porque antes, en todo lo que ha escrito, sólo ha querido *ver* las cosas como un paisano, y hoy las ha *sentido* como él.

Su *Fausto*, Anastasio, es lo más notable que he visto a propósito del poema de Goethe, y no encuentro nombre de poeta americano que no se hallara favorecido al pie de muchas de sus estrofas.

La introducción es un hermoso trozo de descripción local, un bello cuadro de costumbres, de mano maestra. Hay en todo ese prólogo una infinidad de imágenes comparativas, de peculiaridades de frase y de toques generales que ocuparían mucho espacio para transcribirse.

El cuadro donde comienza la narración, tiene un raro interés descriptivo que hace apresurar la lectura en busca de los incidentes graciosísimos que se suceden sin descanso: cada estrofa, cada verso, y a a veces cada palabra, reboza de pensamiento y de interpretación.

La tercera parte tiene una novedad especialísima, comprendida en los recursos que hasta hoy no había desplegado Ud., tiene un caudal de encantadora y sentimental poesía, revestida bajo una sencillez tan admirable que no la hace extraña en boca de su paisano.

Aparte, pues, del mérito genérico de su *Fausto*, reconozco con particular sorpresa (no sabía que Ud. era un poeta tan serio) la hermosura del trozo descriptivo del mar, rival de aquel con que trae la aurora sobre el jardín de Margarita, de aquel otro con que pinta la noche de la serenata, de aquel de la comparación de la flor, y de aquella magnífica disgresión del capítulo V que acaba con esta sentida y hermosísima estrofa:

"Soltar al aire su queja
"será su solo consuelo,
"y empapar con llanto el pelo
"del hijo que usté le deja."

Esta es la poesía: aquí empieza el camino de Hidalgo y el estro de Santos Vega. Después de ellos, nada se ha hecho en nuestra poesía popular que pueda igualar el encanto de esas reflexiones.

No me es ya extraño entonces que haga Ud. copia tan abundante de las semejanzas y giros que chispean por todas las estrofas de su *Fausto*: el que entra a la seriedad, ha pasado por la malicia.

Siento que la especialidad de su trabajo, que es uno de sus méritos particulares, no está al alcance de todos sus lectores: para valorarla completamente, es preciso conocer el primer poema del Parnaso alemán y la más sublime partitura del genio francés.

Su *Fausto*, Anastasio, es pues una obra de poesía envidiable. Me felicito sinceramente de haber prestado motivo a ella y le agradezco de corazón el buen momento que me ha dado con su lectura.

Aplaudo verla en público, celebrada justamente en todas las clases de la sociedad.

Por más a lo serio que tome el hombre las situaciones sociales, en ninguna de ellas se desfavorece con sus pruebas de arte y de talento, porque ellas siempre lo enaltecen, llevándolo a las verdaderas jerarquías, que son las que ocupa por su organización cerebral *en la estiba de la gente* , como dice Ud.

Si tuviera que fortalecer esto con ejemplos, le citaría

nombres célebres en la humanidad que han jugado con los pueblos más grandes de la tierra, sin desdeñar el cultivo de las letras, y empezando por David y Salomón.

Un buen libro o una hermosa poesía, hacen honor, de Dios para abajo, a todos los hombres del mundo, en cualquier terreno que pisen, desde el trono hasta el cadalso. - Ud. ha merecido ese honor.

Ricardo Gutiérrez.

Carta de Carlos Guido y Spano

Señor D. Estanislao del Campo.
Setiembre 10
Amigo:

He leído en su manuscrito, que devuelvo, el sabroso diálogo de Anastasio y D. Laguna, sobre el Fausto: óptimo. Ud. quizá no ha meditado el serio peligro a que se expone dando a luz su obra, habiendo entre nosotros tantos alemanes, de esos que nadando en el infinito se embaucan en la contemplación de las nubes, tras de las cuales a menudo sólo se oculta el vacío, o bien a veces como sucede con el Fausto, sirven de velo a la divinidad que se columbra en su seno. Ha profanado Ud. el santuario del sublime poema, del cual nadie puede hablar con propiedad sino en tudesco, porque en romance no hay quien explique sus delirantes bellezas. Treinta años gastó Goethe en meditarle y componerle -Goethe, el Júpiter Olímpico de la literatura germánica. Y parece indudable, según la opinión de la rubia y soñadora Alemania, que sólo le compuso para ella;

pues si Ud. dice a algún alemán: "he leído el Fausto", su fi-
sonomía toma al momento una expresión entre desdeñosa
y sarcástica, que traducida al español quiere decir: "le ha
leído Ud., pero no le ha entendido."

Quizá tienen razón; gentes de letras conozco yo que lo
confiesan *sotto voce* . ¿Qué mucho si la misma madama de
Staël, ferviente admiradora del gran oráculo de Weimar, le
llamó la pesadilla del espíritu, agregando, según recuerdo,
que si la imaginación pudiese concebir un caos intelectual,
el Fausto debería haber sido compuesto durante ese perío-
do de ebullición y de tinieblas? Mas por lo visto Anastasio
no ha sufrido el mareo que causa en el ánimo esa compo-
sición vertiginosa. En un santiamén se ha dado cuenta del
enmarañadísimo drama, tal como nos lo presenta en la
ópera la mano impía del compositor. En su lenguaje rústi-
co lo narra, lo comenta, lo critica, mezclando con naturali-
dad inimitable lo peregrino a lo grotesco. Preciso es, ami-
go, que su numen sea el mismo Mefistófeles para haberle
inspirado a Ud. la más estrafalaria de cuantas ideas puedan
venir a la mente, y sobre todo, para haberle sacado airoso
del berenjenal en que se había metido. Su parodia está lle-
na de gracia, de novedad y de frescura. Los dos *paisanos*
que Ud. nos hace conocer, atraviesan por entre la nebulosa
metafísica del *altísimo poeta* , como suelen hacerlo gallar-
damente a través de las brumas de la pampa nuestros gau-
chos, interrumpiendo los cantos con que entretienen el ca-
mino, para fijarse aquí y allí en las perspectivas fantásticas
que produce el miraje. Singular es que sostengan su larga
plática con tanta amenidad y donaire. ¡Cuánto ingenio es
necesario para que no decaiga el interés! A este milagro

concurren una versificación fácil y espontánea, un pincel galanamente colorido, un epigrama chispeante del cual se escapan algunos versos de una melancolía expresiva: engarzados en una composición tan lozana y burlesca, parecen lágrimas en el rostro de un niño que ríe y llora al mismo tiempo.

Plácemes, trovador paisajista, por habernos puesto en íntima relación con esos dos *aparceros* . Parias de nuestra sociedad, llena de galas postizas y descolorida por la adopación de costumbres exóticas, se van a conversar al río, que con la pampa de donde vienen, son las únicas cosas grandes que nos van quedando. Parientes de Santos Vega, *aquel de la larga fama* , se perderán como él en el desierto, perseguidos y errantes, después de haber exhalado sus trovas al pasar por *la ciudad* , que envuelta en una atmósfera pesada y deletérea, aspira con deleite el perfume de las flores campesinas arrancadas por la mano de sus románticos pastores.

Buenos Aires, olvidada de sí misma, envanecida con su lujo europeo, escuchando con avidez los cantares que la recuerdan su juventud y su inocencia perdida, se me figura a Linda de Chamounix, estremecida y ruborizada en medio de la pompa que la cerca y que deslumbrarán su virtud, al escuchar las armonías agrestes de sus nativas montañas.

Ud. que no haría un gran papel tocando la zampoña de *Pierrotto* , puntea admirablemente la guitarra, que vale tanto como cualquier otro instrumento desde que entre sonrisas haga sentir y recordar.

Carlos Guido y Spano.

I

En un overo rosao [1],
flete [2] nuevo y parejito,
caia al bajo, al trotecito,
y lindamente sentao,
un paisano del Bragao,
de apelativo *Laguna*:
mozo jinetazo, ¡ahijuna!
como creo que no hay otro,
capaz de llevar un potro
a sofrenarlo en la luna.

¡Ah criollo! si parecía
pegao en el animal,
que aunque era medio bagual [3]
a la rienda obedecía,
de suerte, que se creería
ser no sólo arrocinao [4],
sinó tamién del recao [5]
de alguna moza pueblera:
¡Ah cristo! ¡quién lo tuviera!...
¡Lindo el overo rosao!

---

1 *Overo rosado*: pelaje equino muy apreciado, formado por manchas (en el
   pelo y la piel) rosadas y blancas.
2 *Flete*: Caballo ligero
3 *Bagual*: Caballo sin domar
4 *Arrocinado*: amansado por completo (se doma un potro, se arrocina un
   redomón)
5 *Ser del recado de...*: ser monatdo habitualmente por..

Como que era escarciador [6],
vivaracho y coscojero [7],
le iba sonando al overo
la plata que era un primor;
pues eran plata el fiador [8],
pretal [9], espuelas, virolas [10],
y en las cabezadas solas
traia el hombre un Potosí [11]:
¡Qué!... ¡Si traia, para mí,
hasta de plata las bolas! [12]

En fin: -como iba a contar,
Laguna al río llegó,
contra una tosca [13] se apió
y empezó a desensillar.
En esto, dentró a orejiar [14]
y a resollar el overo,
y jué que vido un sombrero
que del viento se volaba
de entre una ropa, que estaba
más allá, contra un apero.

Dio güelta y dijo el paisano:
—¡Vaya *Záfiro* ! ¿qué es eso?

---

6   *Escarceador*: caballo habituado a subir y bajar la cabeza violenta y
    repetidamente
7   *Coscojero*: caballo que hace sonar las coscojas, canuto de chapa que se
    coloca en los travesaños de los bocados
8   *Fiador*: tira circular o anilla que rodea la garganta del caballo. Una
    frentera impide que se corra sobre el torso y una argolla fija en la parte
    inferior sirve para amarrar el cabestro o el maneador
9   *Pretal*: o petral, correa ancha que asida a la montura rodea el pecho del
    caballo
10 *Virola*: pasador de plata que adorna las riendas, etc.
11 *Potosí*: una fortuna. Proviene de la ciudad del Alto Perú donde se
    encontraban las minas de plata
12 *Bolas*: boleadoras
13 *Tosca*: Piedra caliza porosa que suele encontrarse en las orillas de ríos y
    lagunas
14 *Orejear*: mover las orejas el caballo

y le acarició el pescueso
con la palma de la mano.
Un relincho soberano
pegó el overo que vía,
a un paisano que salía
del agua, en un colorao [15],
que al mesmo overo rosao
nada le desmerecía.

Cuando el flete relinchó,
media güelta dio Laguna,
y ya pegó el grito: -¡Ahijuna!
¿No es el Pollo?
—Pollo, no,
ese tiempo se pasó,
(contestó el otro paisano),
ya soy jaca [16] vieja, hermano,
con las púas [17] como anzuelo,
y a quien ya le niega el suelo
hasta el más remoto grano.

Se apió el Pollo y se pegaron
tal abrazo con Laguna,
que sus dos almas en una
acaso se misturaron.
Cuando se desenredaron,
después de haber lagrimiao,
el overito rosao
una oreja se rascaba,
visto que la refregaba

---

15 *Colorado*: equino de pelaje más o menos rojo. Muy apreciado en tiempos
    de Rosas
16 *Jaca*: gallo de riña de más de más de un año y púas firmes
17 *Púa*: espolón

en la clin del colorao.

—Velay [18], tienda el cojinillo
Don Laguna, siéntesé,
y un ratito aguárdemé
mientras maneo [19] el potrillo:
vaya armando un cigarrillo,
si es que el vicio no ha olvidao;
ahí tiene contra el recao
cuchillo, papel y un naco [20]:
yo siempre pico el tabaco
por no pitarlo [21] aventao.

—Vaya amigo, le haré gasto [22]...
—¿No quiere maniar su overo?
—Déjeló a mi parejero [23]
que es como mata de pasto.
Ya una vez, cuando el abasto [24],
mi cuñao se desmayó;
a los tres días volvió
del insulto, y crea, amigo,
peligra [25] lo que le digo:
el flete ni se movió.

—¡Bien aiga, gaucho embustero!
¿Sabe que no me esperaba
que soltase una *guayaba* [26]

---

18 *Velay*: o Velahí, vulg. véala ahí
19 *Manear*: atar con la manea, cuerda o cinta de cuero con que se atan las manos a las bestias para que no huyan
20 *Naco*: trenza de tabaco negro
21 *Pitar*: fumar
22 *Hacerle el gasto*: aceptar el convite
23 *Parejero*: caballo lijero, apto para correr carreras parejas (cuadreras, de dos competidores)
24 *El abasto*: gran rodeo para abastecimiento, probablemente de tropas cuando la Guerra del Paraguay
25 *Peligra* la verdad: parece una mentira
26 *Guayaba*: mentira (bolazo)

de ese tamaño, aparcero?
Ya colijo que su overo
está tan bien enseñao,
que si en vez de desmayao
el otro hubiera estao muerto,
el fin del mundo, por cierto,
me lo encuetra allí parao.

   —Vean cómo le buscó
la güelta... ¡bien haiga el Pollo!
Siempre larga todo el rollo [27]
de su lazo...
    —¡Y cómo no!
¿O se ha figurao que yo
ansina no más las trago?
¡Hágase cargo!...
    —Ya me hago...
    —Prieste el juego [28]...
    —Tómeló.
    —Y aura, le pregunto yo
    —¿qué anda haciendo en este pago?

   —Hace como una semana
que he bajao a la ciudá,
pues tengo necesidá
de ver si cobro una lana;
pero me andan con *mañana*,
y no hay plata, y *venga luego*.
Hoy no más cuasi le pego
en las aspas [29] con la argolla [30]

---

27   *Largar el rollo*: soltar las vueltas (rollos) retenidas del lazo para permitir
     que un animal atrapado se aleje pero sin liberarlo del todo
28   *Prieste el juego*: vulg. páseme el fuego
29   *Aspas*: la cabeza (por los cuernos)
30   *Argolla*: la argolla del lazo. Un cintazo dado con el lado de la argolla es
     muy doloroso

a un gringo, que aunque es de embrolla,
ya le he maliciao el juego.

    —Con el cuento de la guerra
andan matreros [31] los cobres [32],
    —vamos a morir de pobres
los paisanos de esta tierra.
Yo cuasi he ganao la sierra [33]
de puro desesperao...
    —Yo me encuentro tan cortao [34],
que a veces, se me hace cierto
que hasta ando jediendo a muerto...
    —Pues yo me hallo hasta *empeñao* [35].

    —¡Vaya un lamentarse! ¡ahijuna!... [36]
y eso es de vicio aparcero [37]:
a usté lo ha hecho su ternero
la vaca de la fortuna.
Y no llore, Don Laguna,
no me lo castigue Dios:
si no comparémolós
mis tientos [38] con su chapiao [39],
y así en limpio [40] habrá quedao,
el más pobre de los dos.

    —¡Vean si es escarbador
este Pollo! ¡Virgen mía!

---

31 *Andar matrero*: andar fugado, como los gauchos matreros, que viven a la intemperie (sobre su matra), por extensión huidizo, rebelde o fugitivo
32 *Cobre*: moneda de baja denominación
33 *Ganar la sierra*: huir y alejarse de la civilización
34 *Cortado*: restringido
35 *Empeñado*: los gauchos solían obtener dinero a préstamo empeñando sus prendas de plata
36 *Ahijuna*: interjección, ay hijo de una... (puta) no necesariamente insultante
37 *Aparcero*: amigo, compañero. Más que amigo, socio
38 *Tientos*: tiras de cuero
39 *Chapiao*: pretal adornado con chapas de plata y oro
40 *En limpio*: aclarado

Si es pura chafalonía [41]...
   —Eso sí, ¡siempre pintor! [42]
   —Se la gané a un jugador
que vino a echarla [43] de *güeno*.
Primero le gané el freno
con riendas y cabezadas,
y en otras cuantas jugadas
perdió el hombre hasta lo ajeno.

   ¿Y sabe lo que decía
cuando se vía en la mala?
El que me ha pelao la chala [44]
debe tener brujería.
A la cuenta se creería
que el Diablo y yo...
   —¡Cállesé
amigo! ¿no sabe usté
que la otra noche lo he visto
al demonio?
   —¡Jesucristo!
   —Hace bien, santígüesé.

   —¡Pues no me he de santiguar!
Con esas cosas no juego;
pero no importa, le ruego
que me dentre a relatar
el cómo llegó a topar
con el *malo*, ¡Virgen Santa!
Sólo el pensarlo me espanta...
   —Güeno, le voy a contar

---

41 *Chafalonía*: plata u oro labrados, ya fuera de uso, que se vende generalmente al peso y para fundirlos
42 *Pintor*: fanfarrón.
43 *Echarla*: echárselas, alardear, jactarse. *Echarla de bueno*, alardear de experto
44 *Pelarle la chala*: o "pelarle la chaucha", arruinarlo

pero antes voy a buscar
con qué mojar la garganta.

  El Pollo se levantó
y se jué en su colorao,
y en el overo rosao
Laguna a la agua dentró.
Todo el baño que le dio,
jué dentrada por salida [45],
y a la tosca consabida
Don Laguna se volvió,
ande a Don Pollo lo halló
con un frasco de bebida.

  —Lárguesé al suelo cuñao,
y vaya haciéndosé cargo,
que puede ser más que largo
el cuento que le he ofertao:
desmanee el colorao,
desate su maniador,
y en ancas [46], haga el favor
de acollararlos [47]...
—Al grito:
¿Es manso el coloradito?
—¡Ese es un trebo de olor! [48]

  —Ya están acollaraditos...
—Dele un beso a esa giñebra:
yo le hice sonar de una hebra [49]
lo menos diez golgoritos [50].

---

45 *Dentrada por salida*: vulg. entrar y salir
46 *En ancas*: metáf. agregado a, además de...
47 *Acollarar*: atar dos animales juntos
48 *Trebo de olor*: Trébol de Olor Blanco (*Melitotus alba*) o amarillo (*Melilotus officinalis*). Planta forrajera de porte erecto
49 *De una hebra*: de un solo golpe, en acción continuada
50 *Golgoritos*: vulg. gorgorito, ruido que hace la garganta al tragar líquidos

—Pero ésos son muy poquitos
para un criollo como usté.
Capaz de prendérselé
a una pipa de lejía...
—Hubo un tiempo en que solía...
—Vaya amigo, lárguesé.

II

—Como a eso de la oración [51],
aura cuatro o cinco noches,
vide una fila de coches
contra el tiatro de Colón.

La gente en el corredor,
como hacienda amontonada,
pujaba desesperada
por llegar al mostrador.

Allí a juerza de sudar,
y a punta de hombro y de codo,
hice, amigaso, de modo
que al fin me pude arrimar.

Cuando compré mi dentrada
y di güelta... ¡Cristo mío!
estaba pior el gentío
que una mar alborotada.

Era a causa de una vieja
que le había dao el mal [52]...

---

51 *La oración*: toque de campana llamando a la oración de la tarde (7 PM)
52 *El mal*: el mal del corazón, un vahido o desmayo

—Y si es chico ese corral
¿a que encierran tanta oveja?

—Ahi verá: –por fin, cuñao,
a juerza de arrempujón,
salí como mancarrón [53]
que lo sueltan trasijao [54].

Mis botas nuevas quedaron
lo propio que picadillo,
y el fleco del calsoncillo [55]
hilo a hilo me sacaron.

Y para colmo, cuñao,
de toda esta desventura,
el puñal, de la cintura,
me lo habían refalao [56].

—Algún gringo como luz [57]
para la uña [58], ha de haber sido.
—¡Y no haberlo yo sentido!
En fin, ya le hice la cruz [59].

Medio cansao y tristón
por la pérdida, dentré
y una escalera trepé
con ciento y un escalón.

---

53 *Mancarrón*: despectivo para caballo de silla, flaco y de mal paso
54 *Trasijado*: cansado, exhausto
55 *Calzoncillo*: calzones de lienzo o hilo sobre el cual se vestía el *chiripá*.
    Podía tener *cribos*, trabajos de bordado a la aguja, que el autor llama
    jocosamente *flecos*
56 *Refalar*: resbalar, quitar
57 *Como luz*: muy veloz
58 *La uña*: el robo. Meter la uña, robar
59 *Hacer la cruz*: dar por muerto, considerar perdido

Llegué a un alto, finalmente,
ande va la paisanada,
que era la última camada
en la estiba de la gente.

Ni bien me había sentao,
rompió de golpe la banda,
que detrás de una baranda
la habían acomodao.

Y ya tamién se corrió
un lienzo grande, de modo,
que a dentrar con flete y todo
me aventa [60], créameló.

Atrás de aquel cortinao,
un Dotor apareció,
que asigún oi decir yo,
era un tal *Fausto* , mentao.

—¿Dotor dice? Coronel [61]
de la otra banda, amigaso;
lo conozco a ese criollaso [62]
porque he servido con él.

Yo tamién lo conocí
pero el pobre ya murió:
¡bastantes veces montó
un saino [63] que yo le di!

---

60   *Me aventa*: me impulsa, me da ganas, de aventar, echar al viento
61   Se refiere al coronel uruguayo (o de la Banda Oriental) Fausto Aguilar,
     unitario como Del Campo.
62   *Criollaso*: aumentativo de criollo, por ende poseedor de todas las virtudes
     ideales asociadas (bravura, nobleza, etc)
63   *Zaino*: caballo de pelaje intermedio entre colorado y oscuro, considerado
     muy valioso por su gran energía

Déjeló al que está en el cielo,
que es otro *Fausto* el que digo,
pues bien puede haber, amigo,
dos burros del mesmo pelo.

—No he visto gaucho más *quiebra* [64]
para retrucar ¡ahijuna!...
—Déjemé hacer, Don Laguna,
dos gárgaras de giñebra.

Pues como le iba diciendo,
el Dotor apareció,
y, en público, se quejó
de que andaba padeciendo.

Dijo que nada podía
con la cencia que estudió:
que él a una rubia quería,
pero que a él la rubia no.

Que al ñudo [65] la pastoriaba [66]
dende [67] el nacer de la aurora,
pues de noche y a toda hora
siempre tras de ella lloraba.

Que de mañana a ordeñar
salía muy currutaca [68],
que él le maniaba la vaca,
pero pare de contar [69].

---

64 *Quiebra*: astuto, valiente
65 *Al ñudo*: en vano
66 *Pastorear*: cortejar, festejar
67 *Dende*: vulg. desde
68 *Currutaca*: aderezada, ataviada, jacyanciosa
69 *Pare de contar*: expresión que significa "nada más"

Que cansado de sufrir,
y cansado de llorar,
al fin se iba a envenenar
porque eso no era vivir.

El hombre allí renegó [70],
tiró contra el suelo el gorro,
y por fin, en su socorro,
al mesmo Diablo llamó.

¡Nunca lo hubiera llamao!
¡viera sustaso por Cristo!
¡Ahi mesmo, jediendo a misto [71],
se apareció el *condenao*!

Hace bien: persínesé
que lo mesmito hice yo,
—¿Y cómo no disparó? [72]
—Yo mesmo no sé por qué.

¡Viera al Diablo! Uñas de gato,
flacón, un sable largote,
gorro con pluma, capote,
y una barba de chivato.

Medias hasta la berija,
con cada ojo como un charco,
y cada ceja era un arco
para correr la sortija [73].

---

70 *Renegar*: maldecir, abjurar de la religión
71 *Misto*: fósforo, poción sulfurosa
72 *Disparar*: huir
73 *Sortija*: juego de habilidad, el jinete debe, a toda carrera embocar un palo,
    que tendrá en su mano, en una argolla colgada de una cuerda floja entre
    dos palos (arco)

"Aquí estoy a su mandao,
cuente con un servidor".
Le dijo el Diablo al Dotor,
que estaba medio asonsao.

"Mi Dotor no se me asuste
que yo lo vengo a servir:
pida lo que ha de pedir
y ordéneme lo que guste".

El Dotor medio asustao
le contestó que se juese...
—Hizo bien: ¿no le parece?
—Dejuramente[74], cuñao.

Pero el Diablo comenzó
a alegar gastos de viaje,
y a medio darle coraje
hasta que lo engatuzó.

—¿No era un Dotor muy projundo?
¿Cómo se dejó engañar?
Mandinga[75] es capaz de dar
diez güeltas a medio mundo.

El Diablo volvió a decir:
"Mi dotor, no se me asuste,
ordéneme en lo que guste,
pida lo que ha de pedir".

---

74 *Dejuramente*: precisamente
75 *Mandinga*: el diablo, pero con la variante de ser negro (mandinga es una
    palabra africana)

"Si quiere plata tendrá:
mi bolsa siempre está llena,
y más rico que Anchorena [76]
con decir *quiero*, será".

"No es por la plata que lloro,
Don Fausto le contestó:
"otra cosa quiero yo
mil veces mejor que el oro".

"Yo todo le puedo dar,
—retrucó el Ray del Infierno,
diga: —¿quiere ser Gobierno?
Pues no tiene más que hablar".

—No quiero plata ni mando,
dijo Don Fausto, yo quiero
el corazón todo entero
de quien me tiene penando.

No bien esto el Diablo oyó,
soltó una risa tan fiera,
que toda la noche entera
en mis orejas sonó.

Dio en el suelo una patada,
una paré se partió,
y el Dotor, fulo [77], miró
a su prenda [78] idolatrada.

---

76 *Anchorena*: familia afincada en el Río de la Plata que desde fines del Siglo
    XVIII y que era considerada una de las dos más ricas (la otra eran los
    Ortiz de Rozas, de la cual descendía Juan Manuel de Rozas)
77 *Fulo*: atónito, azorado
78 *Prenda*: mujer querida

—¡Canejo! [79]... ¿Será verdá?
¿Sabe que se me hace cuento?
—No crea que yo le miento:
lo ha visto media ciudá.

¡Ah Don Laguna! ¡si viera
qué rubia!...Créameló:
creí que estaba viendo yo
alguna virgen de cera.

Vestido azul, medio alzao,
se apareció la muchacha:
pelo de oro, como hilacha
de choclo [80] recién cortao.

Blanca como una cuajada,
y celeste la pollera,
Don Laguna, si aquello era
mirar a la *Inmaculad*.

Era cada ojo un lucero,
sus dientes, perlas del mar,
y un clavel al reventar
era su boca, aparcero.

Ya enderezó [81] como loco
el Dotor cuando la vio,
pero el Diablo lo atajó
diciéndolé: "Poco a poco;

79 *Canejo*: Interjección de contrariedad equivalente menos duro que *"carajo"*
80 *Choclo*: la espiga del maíz tierno, la *hilacha* serían las barbas
81 *Enderezar*: dirigirse de manera resuelta y decidida

si quiere, hagamos un *pato* :
usté su alma me ha de dar,
y en todo lo he de ayudar:
¿le parece bien el trato?"

Como el Dotor consintió,
el Diablo sacó un papel
y lo hizo firmar en él
cuanto la gana le dio.

—¡Dotor, y hacer ese trato!
—¿Qué quire hacerle, cuñao,
si se topó ese abogao
con la horma de su zapato?

Ha de saber que el Dotor
era dentrao en edá,
asina es que estaba ya
bichoco [82] para el amor.

Por eso al dir a entregar
la contrata consabida,
dijo: "¿Habrá alguna bebida
que me pueda remozar?"

Yo no sé qué brujería,
misto, mágica o polvito
le echó el Diablo y... ¡Dios bendito!
¡Quién demonios lo creería!

---

82 *Bichoco*: caballo viejo o enfermo que no se mueve ágilmente. Por
extensión se aplica a las personas

¿Nunca ha visto usté a un gusano
volverse una mariposa?
Pues allí la mesma cosa
le pasó al Dotor, paisano.

Canas, gorro y casacón
de pronto se vaporaron,
y en el Dotor ver dejaron
a un donoso mocetón.

—¿Qué dice?... ¡barbaridá!...
¡Cristo padre!... ¿Será cierto?
—Mire: que me caiga muerto
si no es la pura verdá.

El Diablo entonces mandó
a la rubia que se juese,
y que la paré se uniese,
y la cortina cayó.

A juerza de tanto hablar
se me ha secao el garguero [83]:
pase el frasco compañero...
—¡Pues no se lo he de pasar!

---

83   *Garguero*: garganta

III

—Vea los pingos...
—¡Ah hijitos!
Son dos fletes soberanos.
—¡Como si jueran hermanos
bebiendo la agua juntitos!

—¿Sabe que es linda la mar? [84]
—¡La viera de mañanita
cuando a gatas [85] la puntita
del sol comienza a asomar!

Usté ve venir a esa hora
roncando la marejada,
y ve en la espuma encrespada
los colores de la aurora.

A veces, con viento en la anca
y con la vela al solsito,
se ve cruzar un barquito
como una paloma blanca.

Otras, usté ve, patente [86],

---

84 *La Mar*: se refiere al Río de la Plata (o Mar Dulce)
85 *A gatas*: apenas
86 *Patente*: claramente idéntico a algo

venir boyando [87] un islote,
y es que trai a un camalote [88]
cabrestiando la corriente.

Y con un campo quebrao
bien se puede comparar,
cuando el lomo empieza a hinchar
el río medio alterao.

Las olas chicas, cansadas,
a la playa agatas vienen,
y allí en lamber se entretienen
las arenitas labradas.

Es lindo ver en los ratos
en que la mar ha bajao,
cair volando al desplayao
gaviotas, garzas y patos.

Y en las toscas, es divino,
mirar las olas quebrarse,
como al fin viene a estrellarse
el hombre con su destino.

Y no sé qué da el mirar
cuando barrosa y bramando,
sierras de agua viene alzando
embravecida la mar.

Parece que el Dios del cielo

---

87 *Boyar*: flotar libremente
88 *Camalote*: planta acuática de agua dulce que flota y pede formar grandes
    masas en la superficie *Eichoraia azulea*

se amostrase retobao [89],
al mirar tanto pecao
como se ve en este suelo.

Y es cosa de bendecir
cuando el Señor la serena,
sobre ancha cama de arena
obligándola a dormir.

Y es muy lindo ver nadando
a flor de agua algún pescao:
van, como plata, cuñao,
las escamas relumbrando.

—¡Ah Pollo! Ya comenzó
a meniar taba [90]: ¿y el caso?
—Dice muy bien, amigaso:
Seguiré contándoló.

El lienzo otra vez alzaron
y apareció un bodegón,
ande se armó una runión
en que algunos se mamaron [91].

Un Don Valentín, velay,
se hallaba allí en la ocasión,
capitán, muy guapetón,
que iba a dir al Paraguay. [92]

Era hermano, el ya nombrao,

---

89 *Retobao*: enojado, ofendido
90 *Menear taba*: irse por las ramas (de sacudir la taba sin arrojarla)
91 *Mamar*: emborrachar
92 *Ir al Paraguay*: partir a a la Guerra entre Paraguay y la alianza Argentina,
    Brasil y Uruguay (la guerra por antonomasia a los ojos del gaucho de la
    época)

de la rubia y conversaba
con otro mozo que andaba
viendo de hacerlo cuñao.

Don *Silverio* [93], o cosa así,
se llamaba este individo,
que me pareció medio *ido*
o sonso cuanto lo vi.

Don Valentín le pedía
que a la rubia la sirviera
en su ausencia...
—¡Pues sonsera!
¡El otro qué más quería!

—El capitán, con su vaso,
a los presentes brindó,
y en esto se apareció
de nuevo el Diablo, amigaso.

Dijo que si lo almitían [94]
tamién echaría un trago,
que era por no ser del pago
que allí no lo conocían.

Dentrando en conversación,
dijo el Diablo que era brujo:
pidió un ajenco [95] y lo trujo
el mozo del bodegón.

---

93   *Don Silverio*: resulta muy oportuna la observación de E. Tiscornia "con
     gracia gauchesca transforma Anastasio el nombre de Siebel, y si *este
     individuo*, amigo íntimo de Valentín, le resulta un tanto lelo, es, sin duda,
     porque se trata de una mujer que, vestida de hombre, debe hacer su papel
     de guardián de Margarita y lo hace con forzada desenvoltura de varón"
     E. Tiscornia, p. 275, Poetas Gauchescos - Ed. Losada, Bs. As. 1940
94   *Almitían*: vulg. admitían
95   *Ajenco*: vulg. ajenjo, Absenta, muy popular en el siglo XIX en toda
     Europa, causó varios casos de daños cerebrales y algunas muertes y fué
     prohibida en muchos paises a principios del siglo XX. *Artemisia
     absinthium*

"No tomo bebida sola",
dijo el Diablo: se subió
a un banco, y vi que le echó
agua de una cuarterola [96].

Como un tiro de jusil
entre la copa sonó
y a echar llamas comenzó
como si juera un candil.

Todo el mundo reculó;
pero el Diablo sin turbarse
les dijo: "no hay que asustarse",
y la copa se empinó.

—¡Qué buche! ¡Dios soberano!
—Por no parecer morao [97]
el capitán jué, cuñao,
y le dio al Diablo la mano.

Satanás le rejistró
los dedos con grande afán,
y le dijo: "Capitán
pronto muere, créaló".

El Capitán, retobao,
peló [98] la lata [99] y Luzbel
no quiso ser menos que él
y peló un amojosao [100].

---

96 *Cuarterola*: medida para líquidos equivalente a una cuarta de una bota.
    También un tonel de capacidad de un cuarto de cuba (125 lts. aprox)
97 *Morao*: morado, débil, timorato
98 *Pelar*: desenvainar
99 *Lata*: sable (por la vaina, que era usualmente de latón)
100 *Amojosado*: enmohecido, herrumbrado

Antes de cruzar su acero,
el Diablo el suelo rayó:
¡Viera el juego que salió!...
—¡Qué sable para yesquero!

—¿Qué dice? ¡Había de oler
el jedor que iba largando
mientras estaba chispiando
el sable de Lucifer!

No bien a tocarse van
las hojas, créameló,
la mitá al suelo cayó
del sable del Capitán.

"¡Este es el Diablo en figura
de hombre!", el Capitán gritó,
y al grito le presentó
la cruz de la empuñadura.

¡Viera al Diablo retorcerse
como culebra, aparcero!
—¡Oiganlé!...
—Mordió el acero
y comenzó a estremecerse.

Los otros se aprovecharon
y se apretaron el gorro [101]:
sin duda a pedir socorro

---

101 *Apretarse el gorro*: huir, echar a correr

o a *dar parte* [102] dispararon.

En esto Don Fausto entró
y conforme al Diablo vido,
le dijo: "¿Qué ha sucedido?"
Pero él se desentendió.

El Dotor volvió a clamar
por su rubia, y Lucifer,
valido de su poder,
se la volvió a presentar.

Pues que golpiando en el suelo
en un beile [103] apareció,
y Don Fausto le pidió
que lo acompañase a un *cielo* [104].

No hubo forma que bailara:
la rubia se encaprichó;
de balde el Dotor clamó
por que no lo desairara.

Cansao ya de redetirse [105]
le contó al Demonio el caso;
pero él le dijo: "Amigaso,
no tiene por qué afligirse:

Si en el beile no ha alcanzao
el poderla arrocinar,
deje: le hemos de buscar

---

102 *Dar parte*: informar a la autoridad
103 *Beile*: vulg. baile
104 *Cielo*: cielito, baile criollo muy antiguo, de moda hacia 1850.
    Generalmente lo bailaban varias parejas que hacían figuras.
105 *Redetirse*: vulg. derretirse

la güelta por otro lao.

Y mañana, a más tardar,
gozará de sus amores,
que a otras, mil veces mejores,
las he visto cabrestiar [106]".

¡Balsa [107] general! gritó
el bastonero mamao;
pero en esto el cortinao
por segunda vez cayó.

Armemos un cigarrillo
si le parece...
—¡Pues no! [108]
—Tome el naco, píqueló,
usté tiene mi cuchillo.

---

106 *Cabrestear*: cabestrear, seguir el paso llevado del cabestro
107 *Balsa*: vulg. vals
108 *Pues no*: expresión que significa aceptación (¡cómo no!)

IV

Ya se me quiere cansar
el flete de mi relato...
—Priéndalé guasca [109] otro rato:
recién comienza a sudar.

—No se apure: aguárdesé:
¿Cómo anda el frasco?
                    -Tuavía
hay con qué hacer medio día:
ahi lo tiene, priéndalé.

—¿Sabe que este giñebrón [110]
no es para beberlo solo?
Si alvierto [111] traigo un chicholo [112]
o un cacho [113] de salchichón.

—Vaya, no le ande aflojando
déle trago y dómeló,
que a reiz de las carnes [114] yo
me lo estoy acomodando.

—¿Que tuavía no ha almorzao?

---

109 *Prender guasca*: o *dar guasca*, continuar, insistir en un trabajo
110 Giñebrón: aumentatitvo de ginebra (apreciativo)
111 *Si alvierto*: vulg." de haber sabido"
112 *Chicholo*: o *ticholo*, tableta de pasta de guayaba envuelta en chala
113 *Cacho*: trozo
114 *A réiz de las carnes*: vulg. sobre las carnes, es decir sin apero (en pelo)

—Ando en ayunas Don Pollo;
porque ¿a qué contar un bollo
y un cimarrón [115] aguachao [116]?

Tenía hecha la intención
de ir a la fonda de un gringo
después de bañar el pingo...
—Pues vámonós del tirón [117].

Aunque ando medio delgao
Don Pollo, no le permito
que me merme ni un chiquito
del cuento que ha comenzao.

—Pues, entonces, allá va:
otra vez el lienzo alzaron
y hasta mis ojos dudaron,
lo que vi... ¡barbaridá!

¡Qué quinta! ¡Virgen bendita!
¡Viera amigaso el jardín!
Allí se vía el jazmín,
el clavel, la margarita,

el toronjil, la retama,
y hasta estuatas, compañero;
al lao de ésa, era un chiquero
la quinta de Don Lezama [118].

---

115 *Cimarrón*: mate amargo
116 *Aguachado*: metáf. por fofo, sin brío. Se dice de los animales que echan
     barriga, sea por haber estado pastando ociosos o a causa de la mala
     calidad del pasto.
117 *Del tirón*: lo común es la expresión *de un tirón*, para significar "en un
     arranque", "en una marcha forzada"
118 *Quinta de Lezama*: José G. Lezama tenía por esa época una quinta en lo
     que hoy se conoce como Parque Lezama. Centro de reuniones
     aristocráticas, el palacio tenía el parque más bello de Buenos Aires

Entre tanta maravilla
que allí había, y medio a un lao,
habían edificao
una preciosa casilla.

Allí la rubia vivía
entre las flores como ella,
allí brillaba esa estrella
que el pobre Dotor seguía.

Y digo *pobre Dotor* ,
porque pienso, Don Laguna,
que no hay desgracia ninguna
como un desdichao amor.

—Puede ser; pero, amigaso,
yo en las cuartas no me enriedo [119]
y en un lance, en que no puedo,
hago de mi alma un cedaso.

Por hembras yo no me pierdo:
la que me empaca [120] su amor,
pasa por el cernidor
y... *si te vi, no me acuerdo* .

Lo demás, es calentarse
el mate [121] al divino ñudo [122]...
—¡Feliz quien tenga ese escudo
con qué poder rejuardarse!

---

119 *Enredarse en las cuartas*: metáf. trabarse en dificultades. Los bueyes,
  cuando tiran las carretas con sogas que llaman cuartas, si no marchan
  bien, se enredan a cada paso o parada en la marcha.
120 *Empacado*: se dice del animal que por maña se rehusa a caminar
121 *Calentarse el mate*: pensar afiebradamente (por mate, metáf. de cabeza)
122 *Al divino ñudo*: inútilmente, lo mismo que al ñudo o al santo ñudo

Pero usté habla, Don Laguna,
como un hombre que ha vivido
sin haber nunca querido
con alma y vida a ninguna.

Cuando un verdadero amor
se estrella en una alma ingrata,
más vale el fierro que mata
que el fuego devorador.

Siempre ese amor lo persigue
a donde quiera que va:
es una fatalidá
que a todas partes lo sigue

Si usté en su rancho se queda,
o si sale para un viaje,
es de balde: no hay paraje
ande olvidarla usté pueda.

Cuando duerme todo el mundo,
usté, sobre su recao,
se da güeltas, desvelao,
pensando en su amor projundo.

Y si el viento hace sonar
su pobre techo de paja,
cree usté que es *ella* que baja
sus lágrimas a secar.

Y si en alguna lomada
tiene que dormir al raso,
pensando en ella, amigaso,
lo hallará la madrugada.

Allí acostao sobre abrojos,
o entre cardos, Don Laguna,
verá su cara en la luna,
y en las estrellas, sus ojos.

¿Qué habrá que no le recuerde
al bien de su alma querido,
si hasta cree ver su vestido
en la nube que se pierde?

Asina sufre en la ausiencia
quien sin ser querido quiere:
aura verá cómo muere
de su prenda en la presencia.

Si enfrente de esa deidá
en alguna parte se halla,
es otra nueva batalla
que el pobre corazón da.

Si con la luz de sus ojos
le alumbra la triste frente,
usté, Don Laguna, siente
el corazón entre abrojos.

Su sangre comienza a alzarse
a la cabeza en tropel,
y cree que quiere esa cruel
en su amargura gozarse.

Y si la ingrata le niega
esa ligera mirada,
queda su alma abandonada
entre el dolor que la aniega.

Y usté firme en su pasión...
y van los tiempos pasando,
un hondo surco dejando
en su infeliz corazón.

—Güeno amigo: así será,
pero me ha sentao [123] el cuento...
—¡Qué quiere! es un sentimiento...
tiene razón; allá va:

Pues, señor, con gran misterio,
traindo en la mano una cinta,
se apareció entre la quinta
el sonso de Don Silverio.

Sin duda alguna saltó
las dos zanjas [124] de la güerta,
pues esa noche su puerta
la mesma rubia cerró.

---

123 *Sentado*: detenido mañeramente, como los caballos que cuando se empacan tienden a "sentarse" sobre sus patas
124 *Las dos zanjas*: en esa época las estancias estaban rodeadas por zanjas, a la manera de fosos, para dificultar la entrada de los malones

Rastriándoló [125] se vinieron
el Demonio y el Dotor,
y tras del árbol mayor
a aguaitarlo [126] se escondieron.

Con las flores de la güerta
y la cinta, un ramo armó
Don Silverio, y lo dejó
sobre el umbral de la puerta.

—¡Que no cairle [127] una centella!
—¿A quién? ¿Al sonso?
      —¡Pues digo!...
¡Venir a osequiarla, amigo,
con las mesmas flores de ella!

—Ni bien acomodó el guacho [128],
ya rumbió...
—¡Miren qué hazaña!
—¡Eso es ser más que lagaña [129]
y hasta da rabia, ¡caracho [130]!

—El Diablo entonces salió
con el Dotor, y le dijo:
"Esta vez priende de fijo [131]
la vacuna [132], créaló".

---

125 *Rastriar*: seguir la pista, como hacen los rastreadores.
126 *Aguaitar*: esperar, acechar
127 Que no (caerle): expresión de contrariedad por no haber ocurrido algo (caído una centella)
128 *Guacho*: metáf. mala persona, huérfano de padre y madre
129 *Lagaña*: miserable, ruin
130 *Caracho*: interjección de contrariedad, más fuerte que ¡*caramba!* y más suave que ¡*carajo!*
131 *De fijo*: seguramente
132 *Prender la vacuna*: funcionar, surtir efecto alguna cosa

Y el capote haciendo a un lao,
desenvainó allí un baulito,
y jué y lo puso juntito
al ramo del abombao [133].

—No me hable de ese mulita [134];
¡qué apunte para una banca [135]!
¿A que era [136] májica blanca
lo que trujo en la cajita?

—Era algo más eficás
para las hembras, cuñao.
¡Verá si las ha calao [137]
de lo lindo Satanás!

Tras del árbol se escondieron
ni bien cargaron la mina [138],
y más que nunca, divina,
venir a la rubia vieron.

La pobre, sin alvertir,
en un banco se sentó,
y un par de medias sacó
y las comenzó a surcir.

Cinco minutos, por junto,
en las medias trabajó,
por lo que carculo [139] yo

---

133 *Abombado*: aturdido, tonto
134 *Mulita*: cobarde, tímido.
135 *Qué apunte para una banca*: expresión que se refiere a una persona fácil de vencer o engañar (qué candidato para poner como banca en un juego de azar)
136 *A que era*...: expresión afirmativa, "apuesto a que era..."
137 *Calar*: metáf. conocer el interior. (se "calan" las sandías haciéndoles un corte para ver si están maduras)
138 *Cargar la mina*: metáf. preparar la trampa (se cargan las minas con explosivos para que estallen al chocar la víctima contra ellas)
139 *Carculo*: vulg. calculo

que tendrían sólo un punto.

Dentró a espulgar a un rosal,
por la hormiga consumido,
y entonces jué cuando vido
caja y ramo en el umbral.

Al ramo no le hizo caso,
enderezó a la cajita,
y sacó... ¡Virgen bendita!...
¡Viera qué cosa, amigaso!

¡Qué anillo! ¡Qué prendedor!
¡Qué rosetas soberanas!
¡Qué collar! ¡Qué carabanas!
—¡Vea al Diablo tentador!

—¿No le dije Don Laguna?
La rubia allí se colgó
las prendas, y apareció
más platiada que la luna.

En la caja Lucifer
había puesto un espejo...
—¿Sabe que el Diablo, canejo,
la conoce a la mujer?

—Cuando la rubia gastaba
tanto mirarse, la luna,
se apareció Don Laguna,

la vieja que la cuidaba.

¡Viera la cara, cuñao,
de la vieja, al ver brillar
como reliquias de altar
las prendas del condenao!

"¿Diaónde este lujo sacás?"
la vieja, fula, decía,
cuando gritó: "¡Avemaría!"
en la puerta, Satanás.

"¡Sin pecao! ¡Dentre Señor!"
"¿No hay perros?" "¡Ya los ataron!"
Y ya tamién se colaron [140]
el Demonio y el Dotor.

El Diablo allí comenzó
a enamorar a la vieja,
y el Dotorcito a la oreja
de la rubia se pegó.

—¡Vea al Diablo haciendo gancho [141]!
—El caso jué que logró
reducirla, y la llevó
a que le amostrase un chancho.

—¿Por supuesto, el Dotorcito
se quedó allí mano a mano?
—Dejuro, y ya verá hermano

---

140 *Colarse*: entrar comedidamente o sin permiso
141 *Hacer gancho*: concertar oficiosamente un amorío

la liendre [142] que era el mocito.

Corcobió la rubiecita,
pero al fin se sosegó,
cuando el Dotor le contó
que él era el de la cajita.

Asigún lo que presumo,
la rubia aflojaba laso [143],
porque el Dotor, amigaso,
se le quería ir al humo [144].

La rubia lo malició
y por entre las macetas,
le hizo unas cuantas gambetas [145]
y la casilla ganó [146].

El Diablo tras de un rosal,
sin la vieja apareció...
—¡A la cuenta la largó
jediendo entre algún maizal!

La rubia, en vez de acostarse,
se lo pasó en la ventana,
y allí aguardó la mañana
sin pensar en desnudarse.

Ya la luna se escondía,
y el lucero se apagaba,
y ya tamién comenzaba

142 *Liendre*: metáf. astuto, insidioso. Por las liendres de piojos, difíciles de
  erradicar
143 *Aflojar lazo*: soltar las vueltas (rollos) retenidas del lazo para permitir que
  un animal atrapado se aleje pero sin liberarlo del todo
144 *Ir al humo*: tirarse al bulto, sin dilaciones
145 *Gambeta*: movimiento de las piernas de un lado al otro, para esquivar el
  cuerpo
146 *Ganar* (la casilla): refugiarse en (la casilla)

a venir clariando el día.

¿No ha visto usté de un yesquero
loca una chispa salir,
como dos varas seguir
y de ahi perderse, aparcero?

Pues de ese modo, cuñao,
caminaban las estrellas
a morir, sin quedar de ellas
ni un triste rastro borrao.

De los campos el aliento
como sahumerio venía,
y alegre ya se ponía
el ganao en movimiento.

En los verdes arbolitos
gotas de cristal brillaban,
y al suelo se descolgaban
cantando los pajaritos.

Y era, amigaso, un contento
ver los junquillos doblarse,
y los claveles cimbrarse
al soplo del manso viento.

Y al tiempo de reventar
el botón de alguna rosa,
venir una mariposa

y comenzarlo a chupar.

Y si se pudiera al cielo
con un pingo comparar,
tamién podría afirmar
que estaba mudando pelo.

—¡No sea bárbaro, canejo!
¡Qué comparancia tan fiera!
—No hay tal: pues de saino que era
se iba poniendo azulejo [147].

¿Cuando ha dao un madrugón
no ha visto usté, embelesao,
ponerse blanco-azulao
el más negro ñubarrón?

—Dice bien, pero su caso,
se ha hecho medio empacador [148]...
—Aura viene lo mejor
pare la oreja, amigaso.

El Diablo dentró a retar
al Dotor, y entre el responso
le dijo: "¿Sabe que es sonso?
¿Pa qué la dejó escapar?

"Ahi la tiene en la ventana:
"por suerte no tiene reja,
"y antes que venga la vieja

---

147 *Azulejo*: caballo oscuro con reflejos azulados
148 *Empacador*: animal que tiene la mala costumbre de empacarse (rehusarse
   a caminar)

"aproveche la mañana."

Don Fausto ya atropelló
diciendo "¡basta de ardiles!"
La cazó de los cuadriles
y ella... ¡tamién lo abrazó!

—¡Oiganlé a la dura!
—En esto...
bajaron el cortinao:
alcance el frasco, cuñao,
—agatas le queda un resto.

V

—Al rato el lienzo subió
y deshecha y lagrimiando,
contra una máquina hilando
la rubia se apareció.

La pobre dentró a quejarse
tan amargamente allí,
que yo a mis ojos sentí
dos lágrimas asomarse.

—¡Qué vergüenza!
—Puede ser:
pero, amigaso, confiese
que a usté tamién lo enternece
el llanto de una mujer.

Cuando a usté un hombre lo ofiende,
ya, sin mirar para atrás,
pela el flamenco [149] y ¡sas! ¡tras! [150]
dos puñaladas le priende.

Y cuando la autoridá

---

149 *Flamenco*: cuchillo, por los que provenían de Flandes a través de Castilla
150 *¡Sas! ¡tras!*: onomatopeya del ruido del cuchillo al tajear de filo y contrafilo

la *partida* [151] le ha soltao,
usté en su overo rosao
bebiendo los vientos va.

Naides de usté se despega
porque se aiga desgraciao [152],
y es muy bien agasajao
en cualquier rancho a que llega.

Si es hombre trabajador,
ande quiera gana el pan:
para eso con usté van
bolas, lazo y maniador.

Pasa el tiempo, vuelve al pago,
y cuanto más larga ha sido
su ausiencia, usté es recebido
con más gusto y más halago.

Engaña usté a una infeliz,
y para mayor vergüenza,
va y le cerdea [153] la trenza
antes de hacerse perdiz [154].

La ata, si le da la gana,
en la cola de su overo,
y le amuestra al mundo entero
la trenza de ña Julana.

Si ella tuviese un hermano,

---

151 *Partida*: Piquete de policía, también grupo de milicianos con órdenes de
    detener gauchos rebeldes o prófugos
152 *Desgraciarse*: cometer un homicidio u otro delito grave
153 *Cerdear*: metáf. robar. Literalmente tusar, cortar el pelo, aunque por lo
    general se utiliza para designar esa tarea realizada en forma dolosa.
154 *Hacerse perdiz*: desaparecer de pronto y sin aviso

y en su rancho miserable
hubiera colgao un sable,
juera otra cosa, paisano.

Pero sola y despreciada
en el mundo ¿qué ha de hacer?
¿A quién la cara volver?
¿Ande llevar la pisada?

Soltar al aire su queja
será su solo consuelo,
y empapar con llanto el pelo
del hijo que usté le deja.

Pues ese dolor projundo
a la rubia la secaba,
Y por eso se quejaba
delante de todo el mundo.

Aura, confiese, cuñao,
que el corazón más calludo,
y el gaucho más entrañudo[155],
allí habría lagrimiao.

—¿Sabe que me ha sacudido
de lo lindo el corazón?
Vea sinó el lagrimón
que al oirlo se me ha salido...

—¡Oiganlé!...

---

155 *Entrañudo*: duro de entraña, cruel

—Me ha redotao:
No guarde rencor amigo...
—Si es en broma que le digo...
—Siga su cuento, cuñao.

    —La rubia se arrebozó
con un pañuelo cenisa,
diciendo que se iba a misa
y puerta ajuera salió.

    Y crea usté lo que guste
porque es cosa de dudar...
¡Quién había de esperar
tan grande desbarajuste!

    Todo el mundo estaba ajeno
de lo que allí iba a pasar,
cuando el Diablo hizo sonar
como un pito de sereno.

    Una iglesia apareció
en menos que canta un gallo...
—¡Vea si dentra a caballo! [156]
—Me larga [157], créameló.

    Creo que estaban alzando
en una misa cantada,
cuando aquella desgraciada
llegó a la puerta llorando.

---

156 Para el gaucho el caballo era un elemento potenciador de sus
    posibilidades. La frase debe entenderse como " si esto hizo estando de a
    pié, imagine lo que hubiera hecho de estar montado a caballo"
157

Allí la pobre cayó
de rodillas sobre el suelo,
alzó los ojos al cielo,
y cuatro credos rezó.

Nunca he sentido más pena
que al mirar a esa mujer:
amigo, aquello era ver
a la mesma *Magalena*[158].

De aquella rubia rosada,
ni rastro había quedao:
era un clavel marchitao,
una rosa deshojada.

Su frente, que antes brilló
tranquila, como la luna,
era un cristal, Don Laguna,
que la desgracia enturbió.

Ya de sus ojos hundidos
las lágrimas se secaban,
y entretemblando rezaban
sus labios descoloridos.

Pero el Diablo la uña afila[159],
cuando está desocupao,
y allí estaba el condenao
a una vara de la pila.

---

158 *Magalena*: vulg. María Magdalene
159 *Afilar la uña*: aguzar el ingenio

La rubia quiso dentrar
pero el Diablo la atajó,
y tales cosas le habló
que la obligó a disparar.

Cuasi le da el acidente
cuando a su casa llegaba:
la suerte que le quedaba
en la vedera de enfrente.

Al rato el Diablo dentró
con Don Fausto, muy del brazo,
y una guitarra, amigazo,
ahi mesmo desenvainó.

—¿Qué me dice amigo Pollo?
—Como lo oye, compañero:
el Diablo es tan guitarrero
como el paisano más criollo.

El sol ya se iba poniendo,
la claridá se ahuyentaba,
y la noche se acercaba
su negro poncho tendiendo.

Ya las estrellas brillantes
una por una salían,
y los montes parecían
batallones de gigantes.

Ya las ovejas balaban
en el corral prisioneras,
y ya las aves caseras
sobre el alero ganaban.

El toque de la oración
triste los aires rompía,
y entre sombras se movía,
el crespo sauce llorón.

Ya sobre la agua estancada
de silenciosa laguna,
al asomarse, la luna,
se miraba retratada.

Y haciendo un estraño ruido
en las hojas trompezaban,
los pájaros que volaban
a guarecerse en su nido.

Ya del sereno brillando
la hoja de la higuera estaba,
y la lechuza pasaba
de trecho en trecho chillando.

La pobre rubia, sin duda,
en llanto se deshacía,
y rezando a Dios pedía
que le emprestase su ayuda.

Yo presumo que el Dotor,
hostigao por Satanás,
quería otras hojas más
de la desdichada flor.

A la ventana se arrima
y le dice al condenao:
"Dele no más sin cuidao
aunque reviente la prima".

El Diablo agatas tocó
las clavijas, y al momento
como una arpa el istrumento
de tan bien templao sonó.

—Tal vez lo traiba templao
por echarla de baquiano...
—Todo puede ser hermano,
pero ¡óyese al condenao!

Al principio se florió
con un lindo bordoneo,
y en ancas de aquel floreo
una décima cantó.

No bien llegaba al final
de su canto el condenao,
cuando el Capitán, armao,
se apareció en el umbral.

—Pues yo en campaña lo hacía...
—Daba la casualidá
que llegaba a la ciudá
en comisión, ese día.

—Por supuesto hubo fandango [160]...
—La lata ahi no más peló,
y al infierno le aventó
de un cintarazo [161] el changango [162].

—¡Lindo el mozo!
—¡Pobrecito!...
—¿Lo mataron?
—Ya verá:
Peló un corbo [163] el Dotorcito,
y el Diablo... ¡barbaridá!

Desenvainó una espadita
como un viento, lo embasó [164],
y allí no más ya cayó
el pobre...
—¡Anima bendita!

—A la trifulca y al ruido
en montón la gente vino...
—¿Y el Dotor y el asesino?
—Se habían escabullido.

La rubia tamién bajó
y viera aflición, paisano,

---

160 *Fandango*: barullo, desorden
161 *Cintarazo*: golpe que se da con la espada de plano
162 *Changango*: guitarra ordinaria, también baile, diversión
163 *Corbo*: sable corbo o curvo
164 *Embasar*: embazar, detener, suspender

cuando el cuerpo de su hermano
bañao en sangre miró.

　　Agatas medio alcanzaron
a darse una despedida,
porque en el cielo, sin vida,
sus dos ojos se clavaron.

　　Bajaron el cortinao,
de lo que yo me alegré...
—Tome el frasco, priéndalé.
—Sírvasé no más cuñao.

VI

—¡Pobre rubia! Vea usté
cuánto ha venido a sufrir:
se le podía decir
¡quién te vido y quién te ve!

—Ansí es el mundo, amigaso:
nada dura, Don Laguna,
hoy nos ríe la fortuna,
mañana nos da un guascaso [165].

Las hembras, en mi opinión,
train un destino más fiero,
y si quiere, compañero,
le haré una comparación.

Nace una flor en el suelo,
una delicia es cada hoja,
y hasta el rocío la moja
como un bautismo del cielo.

Allí está ufana la flor
linda, fresca y olorosa:

---

165 *Guascazo*: golpe dado con una *guasca*, lonja de cuero o soga

a ella va la mariposa,
a ella vuela el picaflor.

Hasta el viento pasajero
se prenda al verla tan bella,
y no pasa por sobre ella
sin darle un beso primero.

¡Lástima causa esa flor
al verla tan consentida!
Cree que es tan larga su vida
como fragante su olor.

Nunca vio el rayo que raja
a la renegrida nube,
ni ve al gusano que sube,
ni al fuego del sol que baja.

Ningún temor en el seno
de la pobrecita cabe,
pues que se amaca, no sabe,
entre el fuego y el veneno.

Sus tiernas hojas despliega
sin la menor desconfianza,
y el gusano ya la alcanza...
y el sol de las doce llega...

Se va el sol abrasador,
pasa a otra planta el gusano,

y la tarde... encuentra, hermano,
el cadáver de la flor.

Piense en la rubia cuñao,
cuando entre flores vivía,
y diga si presumía
destino tan desgraciao.

Usté que es alcanzador
afíjesé en su memoria,
y diga: ¿es igual la historia
de la rubia y de la flor?

—Se me hace tan parecida
que ya más no puede ser.
—Y hay más: le falta que ver
a la rubia en la crujida [166].

—¿Qué me cuenta? ¡Desdichada!
—Por última vez se alzó
el lienzo, y apareció
en la cárcel encerrada.

—¿Sabe que yo no colijo
el porqué de la prisión?
—Tanto penar, la razón
se le jué, y lo mató al hijo.

Ya la habían sentenciao
a muerte, a la pobrecita,

---

166 *Crujida*: vulg. *crujía*, calabozo grande, para muchos presos.

y en una negra camita
dormía un sueño alterao.

Ya redoblaba el tambor,
y el cuadro ajuera formaban,
cuando al calabozo entraban
el Demonio y el Dotor.

—¡Véanló al Diablo si larga
sus presas así no más!
¿A que anduvo Satanás
hasta oír sonar la descarga?

—Esta vez se le chingó
el cuete [167], y ya lo verá...
—Priéndalé al cuento que ya
no lo vuelvo a atajar yo.

—Al dentrar hicieron ruido,
creo que con los cerrojos;
abrió la rubia los ojos
y allí contra ella los vido.

La infeliz ya trastornada,
a causa de tanta herida,
se encontraba en la crujida
sin darse cuenta de nada.

Al ver venir el Dotor,
ya comenzó a disvariar,

---

167 *Chingar el cuete*: malograrse el tiro, errar, malograr una acción

y hasta le quiso cantar
unas décimas de amor.

La pobrecita soñaba
con sus antiguos amores,
y creia mirar sus flores
en los fierros que miraba.

Ella creia que como antes,
al dir a regar su güerta,
se encontraría en la puerta
una caja con diamantes.

Sin ver que en su situación
la caja que la esperaba
era la que redoblaba
antes de la ejecución.

Redepente se afijó
en la cara de Luzbel:
sin duda al *malo* vio en él,
porque allí muerta cayó.

Don Fausto al ver tal desgracia
de rodillas cayó al suelo,
y dentró a pedir al cielo
la recibiese en su gracia.

Allí el hombre arrepentido
de tanto mal que había hecho,

se daba golpes de pecho
y lagrimiaba aflijido.

En dos pedazos se abrió
la paré de la crujida,
y no es cosa de esta vida
lo que allí se apareció.

Y no crea que es historia:
yo vi entre una nubecita,
la alma de la rubiecita
que se subía a la gloria.

San Miguel, en la ocasión,
vino entre nubes bajando
con su escudo, y revoliando
un sable tirabuzón.

Pero el Diablo, que miró
el sable aquel y el escudo,
lo mesmito que un peludo [168]
bajo la tierra ganó.

Cayó el lienzo finalmente
y ahi tiene el cuento contao...
—Prieste el pañuelo cuñao:
me está sudando la frente.

Lo que almiro es su firmeza
al ver esas brujerías.

---

168 *Peludo*: especie de armadillo de cuerpo peludo, recubierto por una caparazón articulada de 9 bandas. Mide aprox. 40 cm más 18 cm se cola, y vive en cuevas bajo tierra que él mismo cava con sus uñas. *Chaetophractus villosus*

—He andao cuatro o cinco días
atacao de la cabeza.

—Ya es güeno dir ensillando...
—Tome ese último traguito
y eche el frasco a ese pocito
para que quede boyando.

Cuando los dos acabaron
de ensillar sus parejeros,
como güenos compañeros,
juntos al trote agarraron.
En una fonda se apiaron
y pidieron de cenar:
cuando ya iban a acabar,
Don Laguna sacó un rollo
diciendo: "El gasto del Pollo
de aquí se lo han de cobrar".

Thank you for acquiring

Fausto

This book is part of the
Stockcero Spanish & Latin American Studies Library Program.
It was brought back to print following the request of at least
one hundred interested readers –many belonging to the
North American teaching community– who seek a better in-
sight on the culture roots of Hispanic America.
To complete the full circle and get a better understanding about
the actual needs of our readers, we would appreciate if you
could be so kind as to spare some time and register your pur-
chase at:
http://www.stockcero.com/bookregister.php
The Stockcero Mission:
To enhance the understanding of Latin American issues in
North America, while promoting the role of books as culture
vectors
The Stockcero Spanish & Latin American Studies Library Goal:
To bring back into print those books that the Teaching Com-
munity considers necessary for an in depth understanding of the
Latin American societies and their culture, with special empha-
sis on history, economy, politics and literature.
   Program mechanics:
- Publishing priorities are assigned through a ranking sys-
  tem, based on the number of nominations received by each
  title listed in our databases
- Registered Users may nominate as many titles as they con-
  sider fit
- Reaching 5 votes the title enters a daily updated ranking list
- Upon reaching the 100 votes the title is brought back into
  print
You may find more information about the Stockcero Pro-
grams by visiting www.stockcero.com.

www.ingramcontent.com/pod-product-compliance
Lightning Source LLC
Chambersburg PA
CBHW031002090426
42737CB00008B/637